यह महज़ शब्द नहीं हैं

यह महज़ शब्द नहीं हैं

लहरी राम मीणा

वाणी प्रकाशन

प्रकाशन के उत्कृष्टतम 63 वर्ष

vaniprakashan.com

सजिल्द पहला संस्करण : 2026

वाणी प्रकाशन
4695, 21-ए, दरियागंज, नयी दिल्ली-110 002
फ़ोन : + 91 11 23273167, 23275710
शाखाएँ
अशोक राजपथ, पटना-800 004, बिहार
कॉफ़ी हाउस कैम्पस, महात्मा गांधी मार्ग, प्रयागराज-211 001; उत्तर प्रदेश
महात्मा गांधी अन्तरराष्ट्रीय हिन्दी विश्वविद्यालय, वर्धा-442 001, महाराष्ट्र
sales@vaniprakashan.in
vaniprakashan@gmail.com

Yah Mahaj Shabd Nahin Hain
by Lehari Ram Meena

ISBN : 978-93-7348-559-1
Poetry Collection

मूल्य : ₹ 295

आर. टेक ऑफ़सेट, दिल्ली-110 032 में मुद्रित

वाणी प्रकाशन का लोगो मक़बूल फ़िदा हुसैन की कूची से

स्वर्गीय चाचा श्री कैलाश जी की स्मृति को

भूमिका

कविता अन्तर्मन की तीव्रतम अनुभूतियों की प्रवाहमय अभिव्यक्ती होती है। कवि की आत्माभिव्यक्ति भी होती है कविता। कविता के भीतर कवि का परिवेश, भीतरी ऊहापोह, समाज की विसंगति और आक्रोश जैसी स्थितियों की प्रतिध्वनियाँ होती हैं। नव-चेतना के बीज भी समय कविता में होते हैं। कविता अपने समय का इतिहास हुआ करती है। नव-जागरण और स्वतन्त्रता की दुहाई देती है। कविता जीवन की व्याख्या करती है। पीड़ा को केन्द्र में रखकर विद्रोह के बीज बोती है कविता। समाज में फैली कुप्रथाओं, अन्धविश्वासों, विसंगति जैसी मानसिकता को काटने का काम भी करती है कविता। हिन्दी और भारतीय भाषाओं की कविताओं में यह देखा जा सकता है। पूर्ववर्ती कवियों ने समाज को हर दृष्टि से स्वस्थ और समन्वयवाही बनाने के लिए कविता को आलम्बन बनाया। आधुनिक युग में भी कवियों ने इस विरासत को आगे बढ़ाया है। इस कड़ी में डॉ. लहरी राम मीणा की कविताएँ अपनी अलग पहचान रखती हैं।

डॉ. लहरी राम मीणा का यह संग्रह 'यह महज़ शब्द नहीं है', हमारे वर्तमान समय के परिवेश को लेकर आया है। आदिवासियों के जीवन के अभाव, शोषण, छल-कपट, लूट-खसोट को शब्दबद्ध किया गया है। आदिवासियों के जीवन से जुड़े कुछ यथार्थ चित्र इसमें उजागर होते हैं। 'अब वहाँ नदी नहीं बहती' में किया गया चित्रण आदिवासी इलाक़ों की आम कहानी है, जहाँ भोलेभाले लोगों को झूठे आश्वासन देकर उनकी ज़मीन, नदियाँ, जीवन और अस्मिता तक ख़रीद ली जाती है और बदले में उन्हें भूख, उपेक्षा और प्रताड़ना मिलती है। फिर उनके जीवन में स्वतन्त्रता, ख़ुशियाँ और प्रकृति का सान्निध्य यादें बनकर रह जाते हैं। तरह-तरह के सपने दिखाकर

कौड़ियों के मोल ख़रीद ली जाती है—नदी! नदी उनके लिए जीवन है, उसके किनारे उनके लिए उत्साह, उन्मेष, ऊर्जा के स्रोत हैं। 'नदी' प्रतीक भी है और सच्चाई भी। लहरी राम मीणा ने इसका यथार्थ-चित्रण इस कविता में किया है—'अब उस नदी की यादें हैं/जो बार-बार याद आती हैं/...वर्षों पहले धनाढ्य व्यावसायियों ने एक साथ मिलकर पूरी नदी/आदिवासियों से/कौड़ियों के दाम में ख़रीद ली...क़ानून को दिखाने के लिए/एक पक्का नाला बना दिया/... क्लब खोल दिए गये/...जिसमें विदेशी संस्कृति का नंगा नाच होता है...!' 'आदिवासी महिलाएँ' शीर्षक से लिखी कविता भी बहुत सोचने पर विवश करती है, 'आदिवासी महिलाएँ/नहीं डरती/जंगल से...। उन्हें लगता है—डर/शहर से आये हुए/व्यापारियों और उद्योगपतियों से। उन्हें/डर लगता है/शहर से आये/सरकार के किसी नुमाइंदे से/बातचीत करने में...नहीं डरती/आदिवासी महिलाएँ/जंगल से!' इसी प्रकार कवि आदिवासियों की परम्पराओं, संस्कृति, धार्मिक आदि मान्यताओं को रेखाँकित कर, उनकी प्रकृति-जन्य आस्थाओं को रेखाँकित करते हैं—'हमारे देवता/नदी किनारे या पहाड़ की तलहटी में/अक़्सर दिख जायेंगे/एक लहलहाते रूप में...हमारे देवताओं का नाम नहीं है।...पीपल, तुलसी, आवला, खेजड़ी, आम ये सब/हमारे देवता हैं।'

डॉ. लहरी राम मीणा ने इस कविता-संग्रह को तीन वर्ग में रखा है। 'आदिवासी कविताएँ' पहले वर्ग में हैं, दूसरे में, 'कविता ख़ुद एक खोज़ है' और अन्तिम में 'प्रेम कविताएँ' हैं। 'बदली हुई अभिव्यक्ति' में स्थिति के अनुसार व्यक्ति के बदलते चेहरों के हाव-भाव इस कविता में उभरते हैं। व्यवस्था के स्वार्थी पिछलग्गु चेहरों को बख़ूबी उभारा गया है—'सत्ता और उसके दलालों से/घृणा भी करते हैं और चन्द लालच की उम्मीद में/रात-दिन/करते रहते/जी सर, हाँ सर...जी सर...यूँ तो वे बुद्धिजीवी, आलोचक, कवि/और/क्षेत्र का गुण्डा कहते थे/अपने आप को...।' गाँव से शहर आकर आत्मीयता का भूखा मनुष्य वापस अपने आत्मीय गाँव लौटना चाहता है। 'यह शहर तुम्हारा भी तो है' कविता में इस बात का अफ़सोस है कि गाँव लौटते समय कोई रोकता नहीं...यह नहीं कहता कि यह शहर तुम्हारा भी है, मत लौटो। सामाजिक-राजनैतिक विसंगतियों पर भी ख़ूब प्रहार किया गया है। मनुष्य के बदलते गम्भीर/चेहरों को देखते हुए कविताओं में प्रखर और

गम्भीर टिप्पणियाँ की गयी हैं–'आपका यश/जब-जब बढ़ता है/तब-तब/मित्र कम होते जाते हैं/और दुश्मन बढ़ते जाते हैं...।'विकल्प' के रूप में/नये मित्र मिलते हैं/मुखौटे पहनें।'

सामाजिक असमानता के कारण बुर्जुआ वर्ग 'नहीं चाहते थे' कविता में जनसामान्य के साथ जो व्यवहार करते हैं, उसका मार्मिक चित्रण हुआ है। व्यवस्था के सूत्रधार लोग अपना वर्चस्व हमेशा बनाये रखना चाहते हैं। उन्हें छोटे लोगों की ख़ुशी चुभती है। ऐसी मानसिकता को बहुत सूक्ष्मता से उकेरा गया हैं–'जब तुम हँसते हो/ख़ुश रहता है तुम्हारा परिवार/तब उन्हें और भी ज़्यादा चिढ़ होती है/दुख होता है...जब-जब तुम/विनम्र और शान्त बनते हो/किसी भी विषय पर/तब-तब वे/और भी ज़्यादा/हिंसक रूप में/इकट्ठे होकर/लड़ने के लिए आ जाते हैं।' 'गूँगा बच्चा' एक ऐसी ही कविता है, जिसमें आवाज़ पाने के लिए आह्वान है। और 'पुस्तकें' कविता के माध्यम से ज़बरदस्त सम्बोधन किया जाता है कि, 'शब्दों-वाक्यों को/बार-बार पढ़ो/मनन करो/ताकि/तुम्हारे भीतर/अन्याय और अधर्म से/लड़ने की शक्ति अंकुरित हो!'

डॉ. लहरी राम मीणा ने अपने इस संग्रह में तीसरे वर्ग में 'प्रेम कविताएँ' संग्रहीत की हैं। इनमें विगत की 'स्मृतियाँ' हैं 'तुम्हारे लिए', 'पैरों के पद्चाप', 'छोटे से कक्ष में, 'तुम्हारे कहने पर', 'कविता का अंकुर' शब्द रूप में साकार हुए हैं। प्रेम के अत्यान्तिक अनुभव और उसकी विपरीत प्रतिध्वनियों को भी सटीक शब्दों में अभिव्यक्ति 'मेरा प्रेम' में दी गयी है–'मेरा प्रेम/बचाता रहा तुम्हें/जीवन भर/बहेलियों से...तुम्हारा/बहेलिया प्रेम/मिलता रहा/जीवन भर/बहेलियों से...।' नहीं बनना चाहता/कभी। तुम्हारे दुख का कारण...यह महज़ शब्द नहीं/मेरी आत्मा की पुकार है।' ऐसे आर्त-सम्बोधनों और आत्मीय पुकार इस वर्ग की कविताओं की विशेषता है। कवि डॉ. लहरी राम मीणा की काव्य-भाषा बिल्कुल सहज, सरल और स्वाभाविक है। इस संग्रह की कविताएँ मनुष्य, समाज और परिस्थितियों की अनुगूँज़ हैं।

शुभकामना!

–दामोदर खड़से

दो शब्द

प्रिय मित्रों,

यह मेरा दूसरा कविता-संग्रह है। इसमें वर्ष-2020 से लेकर वर्ष-2024 तक की कविताएँ संकलित है। इस संकलन में अधिकतर वही कविताएँ ली गयी है जो पिछले सालों 'समकालीन भारतीय साहित्य', 'नयी धारा', 'मधुमती', 'साहित्य परिक्रमा', 'वीणा', 'समय मीमांसा' और 'ककसाड़' जैसी प्रमुख पत्रिकाओं में प्रकाशित हुई हैं। पिछले आठ-दस वर्षों में मेरी कविता किस रूप में कितनी बदली है, और किस स्थान पर खड़ी दिखाई देती है इसका निर्णय तो आप जैसे सुधी पाठक ही कर पायेंगे। अपनी तरफ़ से मैं यह कह सकता हूँ कि पिछले कविता-संग्रह से लेकर आज तक की कविताओं में कुछ नया बदलाव अवश्य देखने को मिलेगा। इन वर्षों में मेरा प्रयास यह रहा कि अपनी बात को अपने तरीक़े से कहने में किसी तरह का संकोच नहीं रखूँ। वैसे कविता लिखते वक़्त मैं यह कभी नहीं सोचता कि यह प्रभावी होगी या नहीं। सिर्फ़ मैं वहीं लिखता हूँ जो अपने परिवेश में घटित कोई दृश्य जो मन को प्रभावित करता है या विचलित कर जाता है उस दृश्य को वैसे ही शब्दों में पिरोता हूँ, जैसा महसूस करता हूँ।

मेरी कविताओं में प्रेम, प्रकृति, आदिवासी जीवन, गाँव और शहर शुरू से ही रहा है। और वह भी सामाजिक जीवन से जुड़कर। मेरा पहला काव्य-संग्रह भी प्रेम, प्रकृति, गाँव और शहर पर केन्द्रित था। और वही उद्देश्य मेरी इन कविताओं का भी रहा हैं। पिछले वर्षों में हिन्दी कविता कई पड़ावों से गुज़री है, उसमें प्रेम, प्रकृति और विमर्श केन्द्रित कविताओं के प्रति विशेष ध्यान दिखाई देता है। कविता अनुभव का विषय है प्रायः एक ही कविता कई

तरीक़ों के अनुभवों से अलग-अलग रूपों में लिखी जा सकती है। देखने की बात यह हो जाती है कि शब्दों के प्रयोग की कला और लय की संरचना उसमें किस तरह प्रयोग में आती है, क्योंकि कला और लय कविता की संरचना का आधारभूत तत्त्व है। वह एक ऐसी भाषिक संरचना है जिसके अनुभव के बिना सृजन करना असम्भव सा कार्य है। आजकल के कई कवियों की रचनाओं में शब्दों को जोड़कर बनायी हुई कविताएँ देखने को मिलती है जबकि मैं इससे ज़्यादा सार्थक और प्रभावी कविता उसे मानता हूँ जो अनुभव से उपजी हो या अनुभव करने के ढंग से महसूस की गयी हो। पिछले कविता-संग्रह में मैंने अपनी कविताओं में वही रचा जो गाँव से लेकर शहर तक के जीवन में जीया, अनुभव किया। और यही लौकिक-सामाजिक सन्दर्भों में मनुष्य-मन की आकांक्षाओं को समझने का आसान तरीक़ा हैं। मेरे पिछले कविता-संग्रह 'जिस उम्मीद से निकला' (2020) पर पद्मश्री रामदरश मिश्र ने लिखा था कि अपनी छोटी-छोटी कविताओं में डॉ. मीणा ने अपनी अनुभूतियों को सहज रूप से स्वर दिया है। इनकी कविताओं में प्रेम के विविध रूप है। प्रेम के अलावा गाँव है और उसमें सामाजिक यथार्थ के कई रूप भी हैं। और आम आदमी का दुख दर्द भी है। इसी संग्रह पर पद्मश्री शीन काफ़ निज़ाम भी लिखते हैं कि मीणा किसी गाँव या शहर के कवि नहीं है बल्कि स्मृतियों के शहर के कवि हैं, जहाँ प्रेम है, पुस्तक है, पेड़ हैं, पूर्वजों की विरासत सीर का घर है और शहर में गाँवों का संस्कारित जीवन। आदरणीय विद्धतजनों के कहे हुए शब्द ठीक यही थे जिनका आशय मेरी इन कविताओं में भी ख़ूब देखने को मिलेगा।

मेरा यह काव्य-संग्रह तीन भागों में विभाजित किया गया है। प्रथम भाग में आदिवासी जीवन की कविताएँ हैं। दूसरे भाग में शहर और गाँव में जीये हुए सामाजिक जीवन का यथार्थ रूप है। जिनको प्रत्यक्ष-अप्रत्यक्ष रूप से दैनिक जीवन में अनुभूत करता रहा हूँ। तीसरे भाग में प्रेम से सम्बन्धित कविताएँ है जिनका रूप वर्तमान समाज में घटित घटनाओं तथा देखी सुनी हुई बातों पर किया गया अनुभव प्रत्यक्ष रूप से देखने को मिलता है।

ये बातें मैंने ऐसे ही प्रसंगवश लिखी हैं। इन्हें आप यह न समझे कि मैं कोई मेरी कविता की प्रशंसा या आत्मरक्षा कर रहा हूँ। ऐसा मेरा कोई उद्देश्य भी नहीं है। मैं इतना मानता हूँ कि कोई रचना किसी भी लेखक द्वारा जब लिखी जाती

है तो लिखने के बाद वह उस लेखक की सृजना या रचना नहीं रह जाती है वह समाज और साहित्य की धरोहर हो जाती है। उस पर अधिकार फिर सुधी पाठकों, आलोचकों और साहित्य प्रेमियों का हो जाता है। कोई रचना अच्छी है या ख़राब, इसका निर्णय तो पाठक-आलोचक ही कर सकते हैं। मुझे उम्मीद है मेरे पहले काव्य-संग्रह की तरह इस दूसरे काव्य को भी आपका ख़ूब प्यार मिलेगा, आपको ख़ूब पसन्द आयेगा। अन्त में यही कहना चाहता हूँ, आप हैं तो मेरी कविता भी है। 'वाणी प्रकाशन से' इसे प्रकाशित करने के लिए श्री अरुण माहेश्वरी जी को धन्यवाद।

दिनांक : 1 फरवरी, 2025
स्थान : वाराणसी

डॉ. लहरी राम मीणा
हिन्दी विभाग
काशी हिन्दू विश्वविद्यालय

अनुक्रम

आदिवासी कविताएँ

अब वहाँ नदी नहीं बहती

देखा है बचपन में
खेतों के पीछे
एक नदी दात्र्या निकालती हुई बहती थी
नाम था उसका बाणगंगा

ख़ूब नहाते थे उसमें
जब पानी का बहाव कम होता था
चरती थी नदी के डावा के ऊपर हमारी
बकरियाँ, गायें, भैंसें
और हम सभी ग्वाल
नदी के किनारे नहाते हुए
ख़ूब मस्ती करते थे
लेकिन
अब उस नदी की यादें हैं
जो बार-बार याद आती है

वर्षों पहले धनाढ्य व्यवसायियों ने
एक साथ मिलकर पूरी नदी
आदिवासियों से
कौड़ियों के दाम में ख़रीद ली

चरते थे उसमें दिनभर
जंगली जानवर, आवारा पशु
लेकिन
नहीं दिखते अब
वो भी

ख़रीदते वक़्त बोला गया
आपको पक्की नौकरी देंगे
आपके गाँव में स्कूल, अस्पताल और पक्की सड़क बनायेंगे
आप की ज़मीन की मुँह माँगी क़ीमत देंगे
इसी लालच में
सीधे-साधे गाँव वालों ने
कौड़ियों के दाम
अपनी नदी को बेच दिया
इस उम्मीद के साथ
कि कम से कम
हमारे बच्चे
गाय, बकरियाँ, भैंसें चराने की बजाय
एक दिन
स्कूल तो जायेगें

नहीं है अब वहाँ कोई नदी
या
नदी का निशान
क़ानून को दिखाने के लिए
एक पक्का नाला बना दिया गया
और नदी में पेड़ों के बीच में
छोटे-छोटे क़्लब खोल दिये गये

जिसमें विदेशी संस्कृति का नंगा नाच होता है
और
ग्रामीणों की बोली, भाषा, वेशभूषा को देख देखकर
भारतीय संस्कृति पर अट्टहास किया जाता हैं
गाँव वालों को
असभ्य, जंगली, वनमानुष और न जाने क्या-क्या
बोला जाता
बना दी गयी है नदी के चारों तरफ़
ऊँची-ऊँची दीवारें
उनकी इजाज़त के बिना
जहाँ न कोई आ सकता
और न ही जा सकता
वर्षों बाद आज भी
गाँव में न स्कूल बनी
और
न ही पक्की सड़क आयी।

आदिवासी महिलाएँ

आदिवासी महिलाएँ
नहीं डरती
जंगल से

साँप, गोरियों, शेर, बाघ, बघेरों, बिच्छू
से नहीं डरती
देवदारू के पेड़ों की टहनियों पर चढ़ने से
वे नहीं डरती
बबूल के पेड़ पर
बकरियों के लिए डाली छाँगने से
वे नहीं डरती
खेजड़ी के पेड़ पर चढ़ने से
वे नहीं डरती
सब्ज़ी के लिए सांगरा तोड़ने में
और बबूल के पेड़ से पातड़ा झाड़ने और तोड़ने में
वे नहीं डरती
महुआ की सूखी टहनियाँ
तोड़ने से डर नहीं लगता
वे नहीं डरती

चूल्हा के लिए
सूखी लकड़ियाँ बीनने से

कितना भी
घना जंगल हो
कितने भी
ऊँचे-ऊँचे
नले-आखले हो
नहीं डरती
फिसलने से

उन्हें लगता है डर
शहर से आये हुए
व्यापारियों और उद्योगपतियों से
उन्हें
डर लगता है
शहर से आये
सरकार के किसी नुमाइंदे से
बातचीत करने में

नहीं डरती
आदिवासी महिलाएँ
जंगल से।

जूठी तारीफ़ें पसन्द नहीं

ऐसे पद पर रहने से
नफ़रत है मुझे
जिस पर रहते हुए
मैं अपनी बात को
ठीक से न बोल सकूँ

मैं अपने हक़ की बात
नहीं कर सकता
अपने लोगों के हितों की बात
नहीं कर सकता
जिसमें हर कोई मेरी बात को
अनसुनी कर दे
ऐसे पद पर रहने से
नफ़रत है मुझे

जल, जंगल, ज़मीन को बचाने की बात
नहीं कर सकता
आदिवासी, दलित, पिछड़ों के अधिकारों की बात
नहीं कर सकता
महिला के सम्मान की बात
नहीं कर सकता

ऐसे पद पर रहने से
नफ़रत है मुझे

पद की गरिमा को बनाये
नहीं रख सकता
पद पर रहते हुए
निष्पक्षता से कार्य
नहीं कर सकता
जूठी तारीफ़ें सुनना
पसन्द नहीं मुझे
ऐसे पद पर रहने से
नफ़रत है मुझे।

मेरी जेवड़ी का अन्त आ गया

एक पिता
मृत्यु के अन्तिम समय में
अपने पुत्रों को
बुलाकर कहता है
'हे पुत्रों, सुनो!
मेरी जेवड़ी का अन्त आ गया
एक काम कर देना
मेरे मर जाने के बाद

मेरी अर्थी को उठाते वक़्त
तुम्हारे साथ तुम्हारी बहनों का भी
हाथ लगवा लेना

अपने खेत में हरी खेजड़ी भी है
और
डोले के कोने में
एक सूखी खेजड़ी और बबूल भी
मेरे निर्जीव शरीर को
जलाने के लिए
हरे पेड़ों को
मत काटना

और अस्थियों को
बाणगंगा में ही बुआ देना
बाणगंगा में भी वही बात है
जो गंगा और हरिद्वार में हैं

मेरे बाद
कोई भी मत रोना
सब मिल-जुल कर रहना
जैसे अब तक रहते आये हो
वैसे ही आगे भी रहना
तुम लड़ोगे तो दुनिया को मौक़ा मिलेगा

मेरे मर जाने के बाद
ठेकेदार को मत बेचना
हरे पेड़ों को
नुक़्ता का बोझ उठाने के लिए...।

हर बार बहुत कुछ छूट जाता है

लिखता हूँ
और
काटता हूँ
हर बार कविता में
ऐसा शब्द
जो नहीं बने
किसी के
कलह का कारण
जिसे नहीं हो
कोई हिंसा

काट-काट के जोड़ता हूँ
ऐसा शब्द
जिससे बना रहे भाईचारा
बची रहे मनुष्यता

कलकल बहती नदियाँ
नदियों में तैरती नौकाओं, मछलियों
पेड़ पर खिलते फूल
और लटकते फलों को
बाढ़ में डूबे गाँव

भूख से मरते लोगों को
हर बार
कविता में
लिखना चाहता हूँ

लिखना चाहता हूँ
पेड़ों, फूलों, पत्तियों, हवा
पहाड़ों, नदियों, समुद्रों,
पानी, बरसात, बादल
पशु, पक्षी,
धूप, छाँव, धूल, मिट्टी
आकाश, धरती, प्रेम
सुख, शान्ति, अहिंसा आदि को
कविता में
लिखना चाहता हूँ
लेकिन हर बार
बहुत कुछ छूट जाता है।

खेजड़ली आन्दोलन

अपने खेतों के
पेड़ों को
थोड़े से रुपयों के लालच
के लिए
जो लोग बेच देते हैं
वे क्या जानेंगे
खेजड़ली आन्दोलन
क्यों हुआ था ?

तुमने हमें जाना नहीं

तूमने हमें जाना नहीं
और न ही जानना चाहा कभी

हमारी परम्पराएँ, संस्कृति और धार्मिक मान्यताएँ
नहीं है तुम्हारी जैसी

तुम्हारी तरह नहीं पूजते हम
पत्थरों से निर्मित मूर्तियाँ
नहीं मिलेंगे हमारे देवी-देवता
तुम्हारे देवी-देवताओं की तरह
बड़े-बड़े महलों में

हमारे देवता
नदी किनारे या पहाड़ की तलहटी में
अक़्सर दिख जायेंगे
एक लहलाते हुए रूप में

हमारे देवताओं का नाम नहीं है
तुम्हारे देवताओं की तरह
पीपल, तुलसी, आवला, खेजड़ी, आम ये सब हमारे देवता है

हम आदिवासी
अपने त्योहारों और परम्पराओं की रस्में अदायगी
इन्हीं देवताओं को पूजकर करते हैं पूरी
और इन्हीं से
अपने निर्जन जीवन को उर्वर बनाते हैं।

बूढ़ी माई

एक हाथ में बाल्टी
और
एक हाथ से लकुटिया को टेकती हुईं
आँखों की धुँधली रोशनी से
धीरे-धीरे
रास्तों को निहारती हुई
पानी के लिए
कुएँ पर पहुँच जाती है
कोइ सौ साल की बूढ़ी माई

कई-कई बार बोलने के बावज़ूद भी
बेटें पोते पड़पोतें
नहीं मानते कहना
नहीं करते कोई काम
नहीं आती बुज़ुर्ग अवस्था पर
कोइ दया
नहीं पसीजता उनका मन

जानती है वह
नहीं लायेगा कोई पानी
दिन भर पानी का ही तो

एक सहारा है
जिसके बरक़्स
वह अपना दिन-रात काटती है

रोटी का टुकड़ा
कभी कोई
समय पर दे देता है
कभी-कभी कोई दिन भूखा भी
सोना पड़ता हैं
उस वक़्त
पानी ही तो
एक सहारा होता है
जिसके सहारे
वह दिन-रात काटती
कभी-कभार
भगवान को भी दोष देती रहती

हे भगवान!
मुझे क्यों नहीं बुला लेता ?
अपने पास
भूख प्यास से
रोज़-रोज़ तिल-तिल कर
मरने से अच्छा
तू उठा क्यों नहीं लेता ?
अपने पास
बुला क्यों नहीं लेता ?

जन्म दिये
इतने बेटे पोते पोतियों को

भूखी प्यासी रहक़र
पाला पोसा इनको
इस उम्मीद से की
एक दिन
बुढ़ापे में मेरी लाठी का सहारा बनेंगे

हे भगवान!
सहारा तो भला दूर
कोई मुझे नातिन कपूती बोलता है
कोई पौत्र चुड़ैल
तो कोई बहू बोलती
तेरे कीड़े पड़ेंगे
कोई बेटा बोलता
तू मर क्यों नहीं जाती ?
कोई पुत्रवधू बोलती है
तू हम सबको खायेगी
कोई पौत्रवधू बोलती
तू दिखती ही क्यों है
मर क्यों नहीं जाती
अब जी कर क्या करेगी
ऐ बुढ़िया ?

हे भगवान!
तू मुझे
उठा क्यों नहीं लेता ?
तू मुझे बुला क्यों नहीं लेता
सिसक-सिसक कर
भगवान को दोष

देती हुई बूढ़ी माई
अपनी लाचारी और बेबसी के साथ
एक रात
तीन बाई चार फ़ीट की अँधेरी कोठरी में
अन्तिम साँस के साथ
बेटें पोते पोतियों और पड़ पोतों से
भरे पूरे परिवार को
छोड़ जाती हैं
वह कोई सौ साल की
बूढ़ी माई....।

अयोग्य शासक

अयोग्य और अल्पज्ञ
राजा के आस-पास
चापलूस और मतलबी
दरबारियों का लगा रहता है ताँता
दिनभर

ये तीनों श्रेणी के लोग
उसे योग्य, बहुविज्ञ और यशस्वी
बनाते रहते हैं
और मानते भी है

वक़्त-बेवक़्त
लगे रहते है
और
मची रहती है होड़
उसे देवताओं की श्रेणी का
बनाने में

मंचों, सभाओं, गोष्टियों,
संगोष्टियों में
बिना बुलाये ही बोले जाते हैं

और
लग जाते है
दुनिया का सब से
श्रेष्ठतम राजा बनाने में

इस बात को
राजा भी जानता है
और
राजा के दरबारी भी

फिर भी
दोनों एक-दूसरे को
सुनते है
और सुनाते हैं।

विकल्प

आपका यश
जब-जब बढ़ता है
तब-तब
मित्र कम होते जाते
और दुश्मन बढ़ते जाते हैं

विकल्प के रूप में
नये मित्र मिलते हैं
मुखौटा पहने

विकल्प को स्वीकारने
के सिवाय
कोई दूसरा विकल्प
नहीं बचता...।

अकेला घर

कुछ दिनों से
घर में नहीं था कोई
मेरे सिवाय

पहले लौटे
दादा-दादी
फिर
माता-पिता
और फिर
पत्नी-बच्चे
लौट गये थे
वापिस गाँव
आये थे
कुछ दिनों के लिए

रहता था उस समय
घर हरा-भरा
गूँजती थी दीवारें
हर घड़ी

उस वक़्त
घर बहुत बड़ा लगता था

कविता ख़ुद एक खोज है

बदली हुई अभिव्यक्ति

देखता हूँ
अपने आस-पास
रोज़ उनको
बदले हुए रूपों
और
बदली हुई अभिव्यक्ति के साथ

गालियाँ भी देते हैं
पिछे से
अपने आक़ाओं को
और आगे से
दुआओं की अभिव्यक्ति में
जताते भी हैं

सत्ता और उसके दलालों से
घृणा भी करते हैं
और चन्द लालच की उम्मीद में
रात-दिन
करते रहते थे
जी सर, हाँ सर...जी सर...

सत्तासीन आक़ाओं से
थे वह
कई गुना लम्बे
और
दूरदर्शिता के सयानेपन से लबालब
यूँ तो वे
बुद्धिजीवी, आलोचक, कवि
और
क्षेत्र का गुण्डा कहते थे
अपने आप को

दरअसल,
वे कुछ भी तो नहीं थे
जाति, क्षेत्र और जी-हुजूरी में
विश्वास करने के सिवाय...।

यह शहर तुम्हारा भी तो है

जिस उम्मीद से
वर्षों पूर्व आये थे
इस शहर में
उतनी ही निराशा से
लौट रहे हैं वर्षों बाद अपने गाँव

लाये थे उस वक़्त
कन्धे पर लटकाकर
पोटलियों में बँधे
कुछ कपड़ें
कुछ अरमान
और कुछ स्मृतियाँ
गोद में लिए बच्चे और हाथों में पकड़े टाट के
थेले

वर्षों बाद
लौटकर वापस जा रहे हैं
वैसे ही जैसे वर्षों पूर्व आये थे
लेकिन
आत्मा में दुखों के कितने ज़ख़्म हो गये

कितने अपमान के आँसू पिये
यह किसी ने नहीं देखा
आज तक इस शहर में

पत्नी की आँखों से बहते आँसुओं को किसी ने नहीं देखा
बच्चों की आँखों में उड़ान भरते सपनों को किसी ने नहीं देखा

इस शहर में कोई एक बार भी बोल देता
अपना समझ कर
कि मत जाओ वापस लौटकर
तो एक पल पाँव रुक भी जाते
अगर यह हाथ किसी के द्वारा थाम लिए जाते
तो कुछ सोचते भी

कोई मिल जाता
यह कहने वाला
इस शहर में
कि यह शहर तुम्हारा भी तो है
और
तुम इस शहर के

तुम ही ने तो बनाया है
इस शहर को सुन्दर
बिना अपनी जान की परवाह किये बग़ैर
इसकी शालीनता को निखारा है
बड़े-बड़े फ़्लाईओवरों, पार्कों, बड़े-बड़े मॉल और
सिनेमाघरों से

किसी ने भी आपके दुख को नहीं समझा
नहीं समझी आपके हाथों की कारीगरी की कुशलता

उन मकान मालिकों और मिल मालिकों ने भी नहीं पूछा
जिन्हें कमा-कमा कर देते रहे
अपना पेट काट-काट कर

महीने का किराया देते रहे
करते-रहते रात-दिन
उनके लिए काम
भूखे प्यासे रहक़र
उन मालिकों ने भी नहीं समझा
जिनके आँगन की छत और रसोई के बर्तन
साफ़ करते-करते
नाखून और अँगुलियों के
पौर तक घिस गये

किसी ने भी नहीं पूछा
एक बार भी हमारे दर्द को
कोई एक बार भी कह देता
झूठा ही सही
मत जाओ लौटकर वापस
यह शहर तुम्हारा भी तो है

रसोई में खाना पकाने
और
ऑफ़िस के लिए बड़ी-बड़ी गाड़ियों को
चलाकर ले जाने और लाने वाले हाथों

और
सौ डिग्री बुख़ार में भी
मकान मालकीनों और मिल मालकीनों के पैर
सिर दबाने
वाले हाथों के भी पीछे हाथ हैं
परिवार हैं
जो किसी आस की उम्मीद में
पीछे गाँव में वर्षों से उम्मीद लगाये बैठे हैं

शायद समझ सकते हमें भी
इस शहर का निवासी कोई
एक बार भी तो बोल देता
मत जाओ लौटकर वापस
तुम्हारे गाँव
यह शहर तुम्हारा भी तो है
यह शहर अपना ही तो है
और इस शहर के हम ही तो है

मत जाओ आप
लौटकर वापस
अपने गाँव...।

रहते थे घर में
घर के सभी लोग

हो गया घर
अब छोटा
और अकेला

ऑफ़िस में जाने के बाद
दिनभर अकेला ही रहता है
और शाम को
जब लौटकर आता हूँ
तो घर मुस्कुराता नहीं
नाराज़-सा रहता है
बात भी ठीक से नहीं करता

नहीं जान पाया
अपनी व्यस्तताओं के चलते
घर की नाराज़गी
कई दिनों तक

एक दिन
घर के खिड़की दरवाज़ें
बन्द करके
मुख्य दरवाज़ें को बन्द करने वाला ही था
भीतर से आवाज़ आयी
अब नहीं रहा जाता
हमसे अकेला
हम भी चलेंगे

आज आपके साथ
अकेले को डर लगता है

यह सब सुनने के बाद
एक पल को रुका
और
भीगी आँखों को पोछतें हुए
दिन-भर घर में
घर के साथ रहा...।

नहीं चाहते वे

चाहते है वे
तुम भी उनके साथ
वैसा ही व्यवहार करो
जैसा कि तुम्हारें पूर्वज
करते आये हैं

तुम्हारे पूर्वजों की तरह
तुम भी उनके प्रति नतमस्तक रहो
उनकी हाँ में हाँ मिलाओ
ऐसा ही भाव उनके सम्मान में रखो
तुम्हारा ऐसा व्यवहार ही
पसन्द है उन्हें

नहीं चाहते थे
और न ही उन्हें स्वीकार
तुम्हारा अकड़कर खड़े होना
आँख में आँख मिलाकर
बातें करना

नहीं चाहते वे
तुमसे यह उम्मीद

कि तुम
अपने पूर्वजों की परम्परा को तोड़कर
कोई नयी परम्परा
उनके ख़िलाफ़ खड़ी करो

तुम्हारा तर्क और बहस करना
ठीक नहीं लगता उन्हें
चिढ़ होती है इन सब से

उनकी हाँ में हाँ मिलाने वाले
लोग और परिवारों से
वे बहुत राज़ी हैं, ख़ुश हैं

रहता है उनका उठना-बैठना
ऐसे ही लोगों के साथ
वही उन्हें स्वीकार है, पसन्द है
जब चाहे जैसा चाहे
कुछ भी बोल सकते है उन्हें

और उनसे किसी के ख़िलाफ़
कुछ भी बुलवा सकते है
चाहते है वे समाज में
ऐसे परिवार
जो उनके इशारे पर
लड़े-भिड़े किसी से भी
बिना वजह
बात-बात पर

उन्हें तब और भी
ख़राब लगता है
जब तुम उन्हीं की आवाज़ में
उनसे बात करते हो
साफ़ सुथरे कपड़े और
साफ़-सफ़ाई के साथ
अपने घरों में रहते हो

जब तुम हँसते हो
ख़ुश रहता है तुम्हारा परिवार
तब उन्हें और भी ज़्यादा चिढ़ होती है
दुख होता है
ऐसे वातावरण में
जब तुम
अपनी प्रगति के साथ आगे बढ़ते हो
तब-तब वे कोशिश करते हैं
कैसे भी तुम्हें रोका जाये
कैसे भी तुमसे लड़ा जाये
कोई बात न होते हुए भी
लग जाते है
लड़ने की तैयारियों में
बनाते है लड़ने की रणनीतियाँ

जब-जब तुम
विनम्र और शान्त बनते हो
किसी भी विषय पर
तब-तब वे
और भी ज़्यादा

हिंसक रूप में
इकट्ठे होकर
लड़ने के लिए
आ जाते हैं
तुम्हारे दरवाज़े पर...।

(ओमप्रकाश वाल्मीकि का कविता-संग्रह
'अब और नहीं...' पढ़कर)

गूँगा बच्चा

ज़बान से गूँगा था वह
लेकिन सब समझता था
आठ बुआ बहनों का सबसे छोटा
इकलौता भाई था
बड़ी मिन्नतों के बाद
जन्म हुआ था उसका

उसके पास
बोलने के लिए
शब्द नहीं थे
लेकिन
करता था प्रयास
बोलने का

होठों का हिलना
और
हाथों के इशारे ही
उसकी ज़बान थी
वही उसकी बोलने की भाषा थी
जिसके सहारे
वह अपनी बात बोलता था

कभी-कभी
आँखों से भी
बोलने का कार्य करता
एक समय में
उसकी सारी देह
बोलने की भाषा बन गयी

माता-पिता बहनों के द्वारा
बोले हुए कार्य को
बड़ी सहजता से स्वीकारते हुए
ख़ुशी-ख़ुशी से पूरा करता
काम करने के बाद
जब कोई उसकी तारीफ़ करता
तब वह
बहुत ख़ुश होता
बजाता दोनों हाथों से तालियाँ
और तालियों की गूँज के साथ
उसके चेहरे पर
हँसी की ऐसी आवाज़ गूँजती थी
मानों
फूलों की बरसात हो रही हो
उसका मासूम चेहरा
फूल जैसा लगता था

जब वह नहीं बोल पाता था
अपनी बात
या
नहीं समझा पाता था
मम्मी-पापा को

तब घर के किसी कोने में जाकर
मन ही मन में
दीवार के मुँह लगाकर
ख़ूब रोता था
और
देता था गाली उस ईश्वर को
जिसने उसको ऐसा बनाया है
कोसता था ख़ुद को
मन ही मन में

देता होगा
बद्दुआ उस परमात्मा को
कि तूने मुझे ऐसा क्यों बनाया
क्यों नहीं बोल पाता हूँ
क्यों नहीं आती मेरी आवाज़
इस घर में सब तो बोलते हैं
सोचता होगा मन ही मन में
वह गूँगा बच्चा

माता-पिता द्वारा
कही किसी बात पर
जब नाराज़ होता तो
रोता हुआ बाहर चला जाता था
या
ग़ुस्से में घर के किसी कोने में
बैठकर ख़ूब रोया करता था
उस समय उसकी पूरी देह
लाल हो जाती थी

और
चेहरा क्रोध से आग बबूला
लेकिन
पलटकर अपने अँगों से
किसी को कोई उल्टा जवाब नहीं देता

घर के अन्य बच्चों की बजाय
वह शान्त, मीठा और मासूम था
नहीं रखता किसी से कोइ मतलब
सिवाय अपने मम्मी-पापा के

घर में आये हुए
अनजान, अपरिचित मेहमानों का
करता स्वागत हँस-हँस कर

उसे हर पल एहसास होता
मेरे भीतर वह आवाज़ नहीं
जो मेरे घर के अन्य सदस्यों के पास हैं
वो गूँगा बच्चा
जब हँसता
तो लगता था
मानों पूरा परिवार हँस रहा हो
लेकिन
जब उसके चेहरे पर
मौन छाता
तो लगता मानों
पूरा परिवार मौन हो गया

उनका मौन होना भी
एक आवाज़ थी

जब वह ग़ुस्से में होता
तो पूरा घर हिलने लगता

उस गूँगे बच्चे का प्रेम
दूसरे बोलने वाले
बच्चों से
कई गुना मीठा, पवित्र और
ताक़तवर था

वह गूँगा बच्चा
जब अपनी माँ को देखता
माँ उसकी मासूमियत से
अन्दर तक भीग जाती
और/अपनी आवाज़ बच्चे को
लग जाने की दुआ करती

गूँगा बच्चा
चाहता था
अपने मन की बात
माँ को कहने के लिए
काश! एक पल के लिए
किसी से कोई उधार
आवाज़ मिल जाये

गूँगा बच्चा
जब अपने पिता को देखता

और
पिता गूँगे बच्चे को
दोनों एक दूसरे से गले मिलकर
देते थे एक दुसरे को सांत्वना
और
जूटाते थे एक दूसरे से साहस

गूँगा बच्चा
आवाज़ नहीं निकालता था
लेकिन
माता-पिता गूँगे की देह के
हर एक संकेत को
समझ लेते थे
आवाज़ की तरह

वह बच्चा
जब हँसता था
तो ऐसा लगता
मानों
फूल झर रहे हो
और
दुखियों के चेहरे का दुख
दूर हो रहा हो
गूँगा बच्चा
जब अपने पिता की पुस्तकों के
पन्ने को उलटते पलटते था
और
ग़ौर से देखता

अँगुलियों के पौर से
शब्दों को
तब उस ललक को देखकर
पिता अन्दर ही अन्दर
एक उम्मीद से भर जाते थे

गूँगा बच्चा
लाख प्रयास के बाद भी
मम्मी, पापा, दादा, दादी,
नाना, नानी, चाचा, चाची,
भैया, दीदी
नहीं बोल पाता
तो लगता
मानों पूरा कुल ही
बे-आवाज़ हो गया

पूरे कुल में
वर्षों बाद
जन्मा था
मासूम समझदार
मीठा और ग़ौर वर्ण से
पूर्ण वह गूँगा बच्चा

पापा द्वारा लायी हुईं
कोइ भी चीज़
अपने मन की
जब वह पाता
तब उसकी सारी मुस्कुराहट

उसके चेहरे और आँखों में दिखती
वह बच्चा
इकलौता था
अपने परिवार में
जो गूँगा था...।

ख़ुशी में गले लगाया

हमने तो
अपना समझकर
अपनी ख़ुशी में
उन्हें
गले लगाया

और वे
गले लगाने का अर्थ
कुछ और ही
समझ बैठे...।

नौजवान बेटा

हत्या हुई शख़्स के घर के आगे से
हत्यारा निकलता है
सुबह-शाम
धू-धू करती हुई
गाड़ी से

यह वही गाड़ी है
जिस गाड़ी में
हत्या करके लाये थे
रात के ग्यारह बजे
बूढ़ी माँ के नौजवान
बेटे को

कही से नहीं दिखाता
स्वयं को हत्यारा
सभी झूठों को इकट्ठा करके
स्वयं को कर लिया
निर्दोष साबित

बच गया हत्या के
इल्ज़ाम से
और अब
मासूमियत का चेहरा
लिए घूमता है समाज में...।

दरबारी-संस्कृति

दिल्ली से लेकर
बनारस तक
घर से लेकर
कार्यालय तक
जिधर देखो उधर ही
आगे-पीछे दायें-बायें
मिलेगा एक राजा
जिसके स्वागत के लिए
रंग-बिरंगे रंगों से सजे
उपहार लिए
खड़े हैं
हर स्टेशन
हर चौराहे
हर गली
हर कार्यालय में
दरबारी

ऐसा नहीं है
एक ही राजा है
पूरे दिल्ली-बनारस में
राजा के दरबारियों में भी

खड़ा है
हर कोई राजा बन के

आधुनिकता के नाम पर
बदले हुए मुखौटों के साथ
पुराने राजा की व्यवस्था को
बर्बर-अलोकतान्त्रिक-निरंकुशतावादी कहक़र
दरबारी पलटवाते है पुराने
आदेशों और नियमों को
नये राजा को देवताओं की
श्रेणी का बताकर

चाहे वे आदेश नियम
आमजन और सार्वजनिक हित के लिए
लाख गुना ही अच्छे क्यों न हों ?

लोकतान्त्रिकता की बात करने वालें
और
अन्धकारयुगीन समय को समाप्त करने
एवं
लोकतन्त्र स्थापित करने के नाम पर
ले आये हैं आज ख़ुद
मध्यकालीन बर्बर-व्यवस्था

अपनी सुविधा के अनुरुप
नियम बनवा रहे हैं
टाइम-टेबल बनवा रहे हैं
ड्यूटी पे ड्यूटी लगवा रहे हैं

अनगिनत संख्या में कॉपियाँ बाँट रहे हैं
आदेश पर आदेश
निकलवा रहे हैं
इन आदेशों को
अगर कोई नहीं मानता है तो
उसको बदनाम करवा दिया जाता हैं
समितियों से पदच्युत
फिर भी नहीं मानता है
मरवा दिया जाता है
और बोल दिया जाता है
सभी दरबारियों द्वारा
एक-एक करके

परिवार का काफ़ी दबाव था
पत्नी ठीक नहीं थी
बच्चें रोज़ झगड़ा करते थे
ऑफ़िस में कुछ ग़लत काम कर दिया था
वग़ैरह वग़ैरह कहक़र...
सो हार्ट अटैक से मर गया

इतना कहक़र
अपनी बर्बर सोच को
दुनिया के सामने दूध की तरह
साफ़-सुथरा बता दिया जाता है
आज के सभ्य-बुद्धिजीवी कहलाने वाले
लोकतान्त्रिक
दरबारियों द्वारा

राजा भी जूठा
दरबारी भी जूठे
दोनों जानते है
इस बात को
अच्छी तरह से
और
इनके बीच
सच बोलने वाला
ग़लती से आ भी जाता है
तो
सारे दरबारी मिलकर
उसको
जूठा साबित कर देते हैं

काश !
ऐसी कोई व्यवस्था
या
कोचिंग संस्थान होता
जो मुखौटाधारियों, बहरूपियों
झूठों और बर्बर दरबारियों की
तरह
रंग बदलने की
कला सिखाने का ज्ञान देती
ताकि ऐसे दरबारियों के बीच में से
कोई सीधा-साधा सज्जन आदमी
मरने से बच जाता

आज भी
आधुनिकता और लोकतान्त्रिकता के नाम पर
मौज़ूद है
रीतिकालीन दरबारी संस्कृति
और साहित्य की परम्परा

जिसका मैं
प्रत्यक्ष गवाह हूँ।

रास्ते की तरह

एक नये परिवेश में
जब भी
आदमियत का मुखौटा पहने
एक आदमी मिलता है

वह मुझे
आदमियत के नाम पर
हर बार
छल कर चला जाता है

और मैं उसे
रास्तें की तरह
देखता रहता हूँ।

विश्वासघाती बहरूपिया

हत्यारे हत्या के इल्ज़ाम से
बचने के लिए
हत्या हुईं शख़्स के
विश्वासपात्रों में से
किन्हीं एक दो को चुनते हैं
अपनी तरफ़
मिलाने के लिए

देते है
भारी भरकम लालच
लालचियों का कोई
धर्म जात नहीं
वर्षों पुराने सम्बन्धों और विश्वास से नहीं है
उन्हें कोई मतलब

विश्वासघातियों द्वारा सन्तुष्ट न होने पर
कर देते है
विश्वासघातियों की भी हत्या
और
ढूँढ़ लेते है उन्हीं में से
एक और नया लालची
विश्वासघाती बहरूपिया ...।

पले हुए सपने

पुरुष की तुलना में
रोज़ बढ़ती है
लड़कियों की लम्बाई
और
अँगों के आकार की चौड़ाई
तथा
देह के सौन्दर्य की आभा

फैलती है सूर्य के समान
रोज़ पालती है सपने
आकाश के समान
और
पले हुए सपने
धीरे-धीरे एक दिन
अन्ततः टूट जाते हैं...।

शब्दों का नमक

एक दिन
रोटी, दाल और सब्ज़ी बनायी
बड़े चाव के बावजूद
नमक ज़्यादा गिर गया

कविता में भी
वैसे ही
शब्दों का नमक
जब ज़्यादा गिर जाता है
तब वह कविता
कविता नहीं
बन पाती है।

आदमी को देखना

जैसे
मौसम को देखना चाहो
वैसा दिख जायेगा
गर्म हवा में
ठण्डी हवा
और
गर्म जल में
शीतल जल

जैसे
समय को देखना
समझना चाहो
वैसा दिख जायेगा

जैसे
आदमी को देखना चाहो
वैसा दिख जायेगा
बुरे आदमी में अच्छा आदमी
और
अच्छे आदमी में बुरा आदमी।

अपने जैसा माना

मुझे सब ने रूलाया
अपना मानने का वादा
सभी ने किया
अपने-अपने तरीक़ों से

और मैं
उनको मानता गया
उनके तरीक़ों से

क्या बोलूँ
उन सब पर
इस शहर पर

सबने अपने-अपने अनुकूल
बाँटा मुझे
कभी भाषा के नाम पर
कभी जाति के नाम पर
कभी गौत्र के नाम पर
कभी क्षेत्र के नाम पर
कभी रंग के नाम पर
कभी धर्म के नाम पर

कभी वफ़ादारी के नाम पर
कभी समूह के नाम पर

इन सबके बावजूद
मैंने उनको
एक इन्सान के रूप में माना
और
अपने जैसा
आदमी के रूप में अपनाया।

तू एक भ्रम है

तू एक भ्रम है
ऐसा भ्रम
जो अपने ही अज्ञान को
ज्ञान समझ बैठा।

प्रसन्न मुद्रा में सत्कार करूँ

मैं भी जानता हूँ अब
मेरे दादाजी के समय का
न समाज है और न लोग
जो रह सके एक साथ प्रेम से

वह आतिथ्य भाव भी नहीं रहा
अचानक घर आये मेहमानों का
जिस प्रसन्नता से सत्कार किया करते थे
दादा जी

अतिथि के सत्कार की शुरुआत
हुक़्का चिलम गाल कर
और
पानी पिला कर किया करते थे
वैसा सत्कार भाव
अब न दादा जी के पुत्रों में
देखने को मिलता हैं
और न ही
पोती-पोतों और पड़पोतों में

मैं, अक़्सर
कोशिश करता हूँ कि

घर आये मेहमानों का
दादा जी की तरह
प्रसन्न मुद्रा में
स्वागत, सत्कार करूँ...।

पुस्तकें

सामने की दीवार में
हज़ारों की संख्या में
रंग-बिरंगे शीर्षकों से युक्त
रखी किताबें

सुबह-शाम
रात-दिन
एक ही प्रश्न
बार-बार
पूछती हैं

मुझे
आगे-पीछे से
देखो मत
अन्दर के पृष्ठों में
टंकित लिपि से युक्त
शब्दों वाक्यों को
बार-बार पढ़ो
मनन करो
ताकि

तुम्हारे भीतर
अन्याय और अधर्म रूपी विश्वास से
लड़ने की शक्ति अंकुरित हो
और
नव सृजन करने की बैचेनी
तुम्हें सोने न दें ...।

(मंगलेश डबराल की कविता को पढ़कर)

सब फीके लगते हैं

बचपन में
पापा द्वारा दिलाये गये
खिलौनें
सब अच्छे लगते थे

लेकिन अब
बेटे द्वारा पसन्द किये गये
रंग-बिरंगे खिलोनें
सब फीके और महँगे
लगते हैं।

पुराने दिनों का इन्तज़ार करता विश्वविद्यालय

वर्षों बाद
पहली बार
विश्वविद्यालय के आँगन में
दूर-दूर तक
एक भी विद्यार्थी
नज़र नहीं आया

हरे भरे बड़े-बड़े पेड़
और पेड़ों पर कलरव करते पखेरू
चारों तरफ़ इधर से उधर
डालियों पर उछल कूद
करते पाये गये

कभी कभार
इधर से उधर
कुछ श्वान
एक-दूसरे के साथ
गुलदस्ती करते
देखे गये

खिलखिलाते पत्तों
और
झूमते पेड़ों से ख़ुशबू बिखेरते
पुष्पों के सिवाय
यहाँ कोई नहीं

आँगन के बीचों-बीच
विवेकानन्द की बड़ी-सी स्टेच्यू
खड़ी है
अपने रूप के साथ

विश्वविद्यालय और पुस्तकालय के गेट पर
एक दो गार्ड सुरक्षा करते देखे गये

मैं अकेला बैठा रहा
बहुत देर तक
और सोचता रहा
एक वक़्त ऐसा भी था कभी
जब यह परिसर
अध्यापकों, शोद्यार्थियों और
विद्यार्थियों की शोभा से
गुलज़ार हुआ करता था

पुस्तकालय में पढ़ते बच्चों से
सुशोभित लगता था
कक्षाओं में अध्ययन-अध्यापन कराते
अध्यापकों
और छात्र-छात्राओं से महक़ा
करता था

अब ऐसा लग रहा है
यह आँगन
जैसे वर्षों पूर्व से
उजड़ा हुआ हो
जैसे-कोई वीरान घर
अपनों के लौट आने का
इन्तज़ार कर रहा हो

झूमतें पेड़ों और लहलाते पत्तों को
देखने समझने और पुष्पों की महक़ को
महसूस करने वाला
आज यहाँ कोई नहीं
मेरे और नरेन्द्र के सिवा

काग़ज़ के फटे पुराने टुकड़े
और
पीले पत्तों के सिवाय
कुछ भी नहीं था

जात-पात का भेदभाव
किये बिना
खाते थे बच्चें
एक-दूसरे के टिफ़िन में से
रोटी और सब्ज़ी के कुछ घास

कैन्टीन में साथ-साथ बैठकर
चम्मच से
दाल कड़ी दही चावल और रोटियों को

बारी-बारी से स्वाद चखते हुए
एक-दूसरे के बाद
लेते थे अपने-अपने मुँह में
और देते थे
एक-दूसरे के मुँह में
रोटी के कुछ टुकड़े

पाश्चात्य और भारतीय संस्कृति के
रंग-बिरंगे रंगों के कपड़ों से सजे
छात्र-छात्राएँ नज़र आते थे

देश दुनिया समाज और पाठ्यक्रम
की चर्चा के केन्द्र में
अध्यापकों और विद्यार्थियों के बीच
सेमिनारों और काव्य-संगोष्ठीयों के रूप में
रहने वाला यह आँगन
आज अपने पुराने दिन लौट
आने का इन्तज़ार कर रहा है

कैन्टीन में खाना खाते बच्चें
आँगन में दूब पर पेड़ों की छाया में
बैठकर
एक-दूसरे के साथ पढ़ते
गप्प-सप्प लड़ाते वो बच्चें
अब कहाँ गये...

किताबों से
सज्जित झोला

और बैग लटकाए कन्धे भी
अब नज़र नहीं आते

पुराने दिनों का इन्तज़ार करता
विश्वविद्यालय...।

मुश्किल

कितना मुश्किल होता है
लम्बे अरसे तक जिये हुए शहर से
दूर जाने के बाद
पुनः लौटना
कुछ समय के लिए

कितना अच्छा लगता है
उस शहर की स्मृतियों के साथ जीना
जिस शहर में पढ़कर
कुछ करना
कुछ सीखना
तर्क-वितर्क करने का साहस पाना

कितना अच्छा लगता है
वर्षों पुरानी स्मृतियों को
कुछ समय में
एक-एक करके याद करना

कितना मुश्किल होता है
पुरानी स्मृतियों को
उसी शहर में रहते हुए

आँखों से देखना
उनमें जीना

कितना मुश्किल होता है
एक शहर को स्मृतियों में जीना...।

कविता ख़ुद एक खोज है

कविता ख़ुद एक खोज है
दुख से सुख की
असत्य से सत्य की
भय से निडरता की
बन्धन से मुक्ति की
नफ़रत से प्रेम की
असम्भव से सम्भव की
वियोग से संयोग की
कुरूपता से सौन्दर्य की
निर्दयता से करुणा की
प्रकृति से जीवन की
निराशा से आशा की
निर्गुण से सगुण की
अदृश्य से दृश्य की
समस्या से समाधान की
अप्रत्यक्ष से प्रत्यक्ष की
बंजर में उर्वरा की
सूखा में हरा की
सपनों की
मनुष्यता की

उत्साह की
जीवन की
उम्मीद की
और
कविता ख़ुद भी एक खोज है
स्वयं की...।

(अनिरुद्ध उमट का काव्य-संग्रह 'तस्वीरों से जा चुके चेहरे' पढ़कर)

प्रेम कविताएँ

स्मृतियाँ

क्या अब भी सबकुछ वैसा ही है ?
जैसा एक दिन छोड़ आयी थी
तुम्हारें घर में कुछ किताबें और कुछ स्मृतियाँ

हाँ, अब भी सब कुछ वैसा ही है
जैसा तुम छोड़ कर गयी थी एक दिन

वहीं दस बाई आठ का एक कमरा
जिसमें तुम आकर ठहरती थी
उसी के बगल में
दस बाई दस का वह कमरा
जिसमें कुछ किताबें
और चारपाई के बगल में
फूलों का एक गुलदस्ता
जो तुम मेरे जन्मदिन पर लायी थी

एक कोने में मेकियावली की दि प्रिंस
गोर्की की माँ रखी हुई है
उसी के ऊपर प्लेटो की
रिपब्लिक
लोंज़ाइनस की दि पेरिईप्सुस

क्रोचे की दि वेस्टलैंड
वर्डस्वर्थ की लिरिकल बैलेड्स
टॉलस्टॉय की युटोपिया
कोलरीज की बायोग्राफ़ी लिट्रेरिया
और
रिचर्डस की प्रेक्टिकल किर्टिसिज़्म

दूसरी तरफ़
भरतमुनि का नाट्यशास्त्र
वाल्मीकि की रामायण
तुलसीदास की रामचरितमानस
भामह का काव्यलंकार
भर्तृहरि का वाक्यपदीय
टैगोर की गीतांजलि
गांधी की सत्य के साथ मेरे प्रयोग
प्रसाद की कामायनी
दिनकर की संस्कृति के चार अध्याय
प्रेमचन्द का गोदान
एवं
नेहरू की विश्व इतिहास की झलक
और
तुम्हारी रखी कुछ चीज़ें

चारपाई और कमरें में
तुम्हारे बदन की ख़ुशबू
मेरे बदन पर
तुम्हारी
अँगुलियों के छुअन के कुछ चिह्न

और
तुम्हारें द्वारा दी गयी जीवन की
कुछ सीख सलाह
आज भी वैसे ही है
जैसे तुम छोड़ कर गयी थी
एक दिन...।

तुम्हारे लिए

जो नहीं करना था
वो सब किया
तुम्हारें लिए

तुम्हारें ही अक्स में
दिखता था
आज का सच

जहाँ बोलना था
अपने लिए
वहाँ चुप रहा
और
जहाँ नहीं बोलना था
वहाँ बोलना पड़ा
तुम्हारे लिए

जिनसे बात करनी थी
उनसे नहीं की
और जिनसे नहीं करनी थी
उनसे हँस-हँस कर की
तुम्हारें लिए

जिनसे हाथ मिलाना था
उनसे नहीं मिलाया
और
जिनसे हाथ नहीं मिलाना था
उनको गले लगाया
तुम्हारें लिए

नहीं है मेरे पास
कुछ भी बचा हुआ
जो था वह सब तो
खर्च कर दिया
तुम्हारें लिए
जो तुम जानती हो

बचे हुए जीवन में
जो देख न सका
वह भी देख लिया

जिनसे लड़ता रहा आजीवन
तुम्हारें लिए

आज तुम
उनसे हँस-हँस कर
बात करती हो...।

पैरों के पद्चाप

मुझे नहीं है
तुमसे कोई
शिकायत
सिवाय ख़ुद के
दुख के

कुछ भी नहीं था
यहाँ आने से पहले
मेरे पास
आदमियत के सिवाय

इन गलियों में
एक-दूसरे के संघ चले
एक-दूसरे के साथ
अनगिनत रेस्टोरेंटों में
कुछ खट्टा कुछ मिठा
खाये पिये
पैरों के पद्चाप
कोई और जानें
नहीं चाहता
मेरे दुख का राज़

तुम्हारे सिवाय
कोई और जानें

इससे पहले
मैं
यह शहर
छोड़ना चाहता हूँ।

रूठ गयी

आज वो
फिर
रूठ गयीं

और मैं
उसे मनाने के
तौर तरीक़ों में
दिनभर
ख़ुद को भूल गया...।

मेरा प्रेम

मेरा प्रेम
बचाता रहा तुम्हें
जीवन भर
बहेलियों से

तुम्हारा
बहेलिया प्रेम
मिलता रहा
जीवन भर
बहेलियों से....।

नहीं किये हस्ताक्षर

मैंने कहा !
आपके दिये हुए दोनों नामों को
समिति के लिए लिख दिया है
कल आ के हस्ताक्षर
कर देंगे
आपकी फ़ाइल पर
और
वो पास हो जायेगी

उसने कहा !
उन दोनों को बोलना
थोड़ा समय निकाल कर
मेरे घर पर चाय के लिए
आये

मैंने कहा !
थोड़ा रुको
अभी तुम्हारी फ़ाइल
नहीं हुई हैं पास
समय का इन्तज़ार करना

और आदमियों को
परखना सीखो

उसने ग़ुस्से से कहा !
आप भी
हर आदमी को
शक की निगाह से
देखते हो
हर आदमी गिरगिट की तरह
रंग बदलने वाला
नहीं होता
कुछ लोग किसी की भावनाओं को समझते है
और हम
कोई इल्लीगल काम थोड़े ही करवा रहे हैं
तुमसे बात करना ही बेकार है
इतना कहकर
उसने फ़ोन काट दिया

फिर दूसरे दिन
रूँधे गले से बोली
आप सच कह रहे थे
इन लोगों के बारे में

ऊन लोगों ने
नहीं किये
मेरी फ़ाइल पर
हस्ताक्षर...।

यह महज़ शब्द नहीं

तुम्हें चाहा
ख़ुद के वक़्त में भी
गो कि वक़्त से माँगा था तुम्हें कभी

जीता था मैं
तुम्हारे दुख में

नहीं बनना चाहता
कभी
तुम्हारे दुख का कारण

नहीं चाहता मैं
इसका मालूम तुम्हें हो
यह महज़ शब्द नहीं
मेरी आत्मा की पुकार हैं।

(नन्दकिशोर आचार्य की कविता 'वक़्त ख़ुद मर्ज़ है जो' पढ़कर)

छोटे से कक्ष में

मैं
पिछले चार दिनों से
दस बायी बाहर फ़ीट के
कमरे में
लड़ता रहा अपने ही
डर से, अन्तर्मन से

जैसे ही तुम आयी
मेरे आँगन के छोटे से कक्ष में
कई दिनों से चल रही
मेरे मन के
भीतर की ऊहापोह
वर्जनाओं के बन्धन से
निकल आया बाहर

एक पल में
तुम्हारा स्वागत करने।

तुम्हारे कहने पर

तुमने मेरी बात भी नहीं सुनी,
बेवजह आरोप भी लगा दिया।
दुख से बाहर निकला हूँ बड़ी मुश्किल से अभी-अभी,
भुलाये हुए को फिर याद न कराओ अभी।

मेरा प्यार ज़रा भी कम नहीं हुआ अभी,
तुम्हारे कहने पर मांस-मदिरा पल में छोड़ दिया।

यहाँ के लोगों की असली सोच की बातें न करो अब,
बेकार में ही उस विषय की बहस न करो अब।

गाँव से बहुत दूर निकल आया हूँ मेरे मीत,
उस फ़क़ीरी हालत और दुर्दिन दिनों की बातें न करो अब।

सहेजना

पिछले आरोपों के
शब्दों को
मैं
भूल नहीं पाया

इसलिए
उन शब्दों को
सहेजकर रखता हूँ।

माँ

तुमको भुलाना
मेरे लिए
वैसा ही है
जैसा
एक माँ के लिए
अपने बेटे को।

कविता का अँकुर

तुम्हारे आने के बाद
मेरे जीवन में
कविता के बीज का
अँकुर फूटा

अब नहीं हो तुम
कविता के फलों का
स्वाद चखने के लिए।

❑❑